그리움이
파도 속에서
울었습니다

그리움이 파도 속에서 울었습니다

| 박 가 박 시집 |

도서출판 천우

시인의 말

흘러갔던 구름
몇 번을 기억하고 있을까.

나를 스쳐 간 봄바람
몇 해를 간직하고 살아왔을까.

기껏해야 한두 번
많게는 서너 번 느낌 안고 살아왔던 세월인 것 같은데—.
하도 많은 날들이 흘러갔다.

한 주먹 불끈 쥐고 세상을 내달렸던
새파란 청춘도 있었던 것 같은데—.

한참을 빙~빙 돌아
시세계(詩世界)에 들어선 나는 소년이고 싶다.

어떻게 살아왔느냐—
어떤 여울목을 건너 예까지 왔느냐고 누가
묻는다면—.

나는 대답하지 않겠다.

다만 내 삶 속 깊고 깊은 곳에 남아 있는 잔어(殘語)
한 톨 한 톨 뽑아 올려 세상 구경 좀 시켜주고 싶다.

어쩜
부끄러울 수도 있다.

아니면 뻔뻔스럽다 할 수도 있다.

그러나

나는
나를 그대로 보고 싶다.

2017년 봄날에

박가박

제 1 부

말 못할 사랑

제 2 부

당신이 봄입니다

제 3 부

그리고 사랑하지 않았다

제 4 부

소녀의 눈물

제 1 부

말 못할 사랑

LEE SANGHEE

그대 그리워하는 것은

가을에
그대 그리워하는 것은
아름답지만
슬픈 일이다.

가을에
그대 그리워하는 것은
가슴 두근거렸던
그리움 때문이다.

가을에
그대 그리워하는 것은
사랑 나누고
떠나갔기 때문이다.

내가
그대 그리워하는 것은
어쩌다 가끔
그대 얼굴 볼 수 있기 때문이다.

내가
그대 그리워하는 것은

이제는
사랑 줄 수 없기 때문이다.

내가
그대 그리워하는 것은
그대 지금
사랑받고 있지 않기 때문이다.

지금에도
그대 그리워하는 것은
서로 늙어가는 것
서글퍼지기 때문이다.

지금에도
그대 그리워하는 것은
그대 살아 있고
나 살아 있기 때문이다.

말 못할 사랑

살다 보니—

내 가슴속에는
말 못할 사랑 하나 숨어 있습니다.

이러지도 저러지도 못하는
숨겨 놓은 그런 사랑 있습니다.

이 세상 누구에게도
재잘댈 수 없는 그런 사랑 있습니다.

아마도 살아 있는 동안
혼자 안고 가야 할 사랑인지 모릅니다.

누가 알면
한심하고 바보 같은 사랑이라 하겠지요.

계절이 바뀔 때마다
말 못할 그 사랑 어쩔 줄 몰라 합니다.

그 사랑 나처럼 울컥해서
하룻밤 향기로운 사랑에 빠져 버렸나 봅니다.

달빛 가득한 정원에
빨간 장미 필 때면—

말 못할 그 사랑
부끄러운 줄 모르고 한없이 붉어집니다.

가을 짙어 들국화 피고 지면
그 사랑 혼자 슬퍼 울고 맙니다.

살다 보니—

내 가슴속에는
지금도 말 못할 사랑 하나 숨어 있습니다.

그리움

가을비
내리는 밤이면,

하늘에는 많은 별
숨어 웁니다.

설레이던 그리움도
어쩔 줄 몰라 웁니다.

어쩌다가 잠깐
얼굴 내민 달빛이—

안달이 난 별님들
눈을 가리면,

별들은 가슴 치며
울고 맙니다.

사랑

사랑은 빨갛다
그래서 뜨겁다.

그러나
어디서 왔는지 모른다.

사랑은
이슬 같은 무지개 그려놓고
나 몰라라
그리움 설레게 한다.

하이얀 가슴속을
파랗게 지우더니

저 혼자서
빨갛게 칠해버린다.

그러다가
아기자기 노닥이다

언제 그랬느냐
뒤 보지 않고 떠나간다.

산나리꽃

초록 바다 물결 위
음률을 타고 노는
산새소리.

잡초들 저마저도
수줍어 낯가리는
외로운 땅.

내리— 내리 산자락
듬성— 듬성 떠 있는
주황색 삿갓 우산.

촉촉한 아침 입술
이파리마다
점점이 찍어 놓고

바람길
구름 가다 걸음마다
애써 감춘 슬픈 모습.

하늘 아래 깊은 곳
이곳에서
웬 세월 기다리고 있었을까.

산나리꽃—

당신만을 사랑합니다!
말 한마디
하지도 못하면서—

사랑에 빠져들고 말았습니다

사랑에
빠져 버린 가을밤—.

산길 따라
살며시 내려옵니다.

어둠속 차갑다며
목에 두른 머플러—

혼자서
매만지며 내려옵니다—.

그곳에는
단풍잎 불타올라—

하나—둘 모두가
사랑에 빠져들고 말았답니다—.

지켜보다 속이 상해
길을 나선 가을밤—

"우리도 사랑해요"
하더니만—,

어느새
한 사람도 모르게—

혼자서 사랑에
빠져 들고 말았습니다—.

골목길
달빛 창 두드리던 나그네—

그날 밤 덩달아
사랑에 빠져들고 말았습니다—.

바람아

바람아
방황하지 말아라.

연인들
깊게— 깊게 사랑한다 흔들리지 말아라.

바람아
이제 너의 갈 길 날아가거라.

길 없다 산이 높다 했던들
휘—휘 노래 불며 다녔던 너였잖느냐.

이제서야
지난 얘기 주워 담고 있는 나를 놓아주거라.

바람아
꽃길은 조심—조심 지나가거라.

단 한 번 님을 찾는
처녀 마음 흔들릴까 두렵단다.

바람아
어디로 갈 것인지 알고 싶구나.

한여름날
나의 입술 앉았다 떠난 님에게—

아직도
뜬 밤 새우며 기다린다 전해주거라.
바람아—

바람아
이젠 다시 방황하지 말아라.

그 사람 올 것만 같다

그 사람 올 것만 같다.

어디서
무얼 하고 있는지 모르겠지만,

가을날
선선한 바람 불면

그 사람
나에게 올 것만 같다.

늘 그대로
이 자리 서 있는 허수아비.

소나기 내리는 날엔
훌쩍— 훌쩍 울기도 했었지만,

그 한곳 가리고서
한 잎— 두 잎 그리움 접어 두었다.

어쩌다 꿈에서나
얼굴 살짝 보이던,

그 사람
이제는 올 것만 같다.

기다리던
밤이 되면 어둠속
한적한
산모퉁이 카페에서—

콩알— 콩알 터질 듯
자지러지는 은하수 바라보며,

잊지 못해 슬퍼서
이별하기 힘든 사람—

정말이지
기다리고— 기다리면 올 것만 같다.

당신이 가신 후에

당신이 가신 후에—

빈방에 홀로 앉아
한 잔— 두 잔 기울이다—

나그네 구름처럼
취해 버린 깊은 밤

소맷자락 매 접힌
깊은 곳 마디마다—

그리움
한 움큼씩 쌓여 간다.

세상 일 모든 것
뜻 같지 않아서—

싸리문 지그려 놓았더니
잡풀만 우거지고—.

쪼로록— 쪼로록
채워진 빈 술잔도—

주루룩— 주루룩
쓸쓸하게 졸고 있다.

겨울밤

오래지 않은 옛적
고즈넉한 골짜기
눈 쌓이는 겨울밤

호롱불
등대 삼아
자리 잡은 초가집.

구들장 따끈—따끈
방 한가운데
화로 속 묻어둔 고구마.

타는 듯 익는 냄새
이야기판
조각—조각 끼어들고

고비—고비
가쁘게 넘나드는
구수한 옛이야기.

고인 침
꼴깍—꼴깍
흘릴까 되삼키며

할머니
무릎 앞 한 발짝
옹기—종기 모여 앉아

이야기 깊은 속살
궁금한 것
새록—새록 되새길 때

별순이 달순이
잠시 잊고
내리는 눈송이도

대목—대목
그렇게도
재미가 있었다지

쫑긋—쫑긋
하얀 귀 기울이고
소록—소록 쌓인다.

사랑에 빠졌어요

옆집 아가씨
사랑에 빠졌어요

바람이
꽃을 보고 속삭일 때

사랑의 변두리나
맴돌았던 아가씨.

사랑의 웅덩이에
풍—덩 빠졌나 봐요.

시도 때도 없이
가슴거리 콩닥이는 걸,

누군가 들을까 봐
숨겨두고 살았나 봐요.

빨개진 얼굴은
부끄럽다기 보다는,

누가 알면
사랑이 달아날까 봐,

조심조심
속삭이며 사랑했나 봐요.

늘상 왔다 갔던
그리움이었지만,

이번만은
사랑을 붙잡고 말았나 봐요.

옆집 아가씨
엉덩이 흔들고 지나가네요.

저 아가씨
사랑에 흠뻑 빠졌어요.

함박눈

하이얀
팝콘처럼
내리는 함박눈.

온 세상
어스름 어둠 깔고
내려앉는 은세계.

조금 전
지나갔던 흔적들
하얗게 지워지고

조마조마
기다렸던 그리움
눈과 함께 파묻혀.

Sang Hee

가을이 오나 보다

남겨진 여름 산자락
초록발을 담그고—

솔—솔 건들바람
강가에 내려온다—.

귀또리 울음소리
조각달도 기울고—

갈대 이파리 붉게 타는
가을이 오나 보다—.

그 님—
아직 오지 않을 시간인데—

난—
벌써부터 기다리고 앉아 있다—.

이따금 띄엄—띄엄
지나가는 차량들—

더듬고 있던 그리움 하나

촉촉하게 젖게 한다—.

꿈속을 헤매본들
아무 소용 없는 것을—

오겠다 하셨으니
밤 새운들 어떠랴—.

저 하늘 치마폭에
그 님 얼굴 담고 있어—

이제야
가을이 오나 보다—.

철쭉꽃

벌써
며칠째
길모퉁이 주저앉아
오고 가는 사람들
힐끔힐끔
쳐다보고 있지요.

새겨 둔
발자국 소리
가쁜 숨소리
하나하나
더듬어 그려봅니다.

속삭였던
붉은 입술
허리춤 감아올린
연분홍 치맛자락
님 그리며 감춰뒀던
뽀오얀 속살까지
모든 것 드러내놓고.

언제쯤 혹시
그 사람
내 옆을 지나가면
"나 여기 있소"
딱 한 번
불러 보고 싶습니다.

보고파

하얀 마음
날개를 달았습니다.

가을도 쳐다보다
고개를 숙이고 말았습니다.

발걸음 무거웠던 낙엽
얼굴 빨개 울었습니다.

네가 정말 보고파
가을에 왔습니다.

네가 정말 보고파
사랑을 노래합니다.

네가 정말 보고파
네 옆에 있을 겁니다.

님 오시나 싶었는데

님 오시나 싶었는데
보슬—보슬 비가 옵니다.

섬돌 위 겨울자락
지우려는 빗방울

짚시랑 아리게도
찌릿—찌릿 떨어집니다.

갈팡질팡 매화향
봄바람에 흩날리고

산허리 이곳저곳
휘놀던 안개 구름

힐끔—힐끔 더듬다
나 모른 척 떠나갑니다.

이제나저제나
님 오시나 싶었는데

속절없이
자박—자박 비만 옵니다.

제 2 부

당신이 봄입니다

L E E S A N G H E E

순희 생각

나 어릴 때
한가위 보름달은
왜 그리
크기도 크고
밝기도 밝았는지.

해 질 무렵이면
바람막이 담장 밑
옹기종기 앉아서
재잘재잘거렸지.

모여 있던 아이들
이것저것 사준단다
자랑도 많이 했지.

난 왠지
말 한마디 못한 채
두 눈만 깜박깜박
쪼그리고 앉아 있었지.

터져 나오는 한숨소리
휴~유 후~유

울 엄마 얼굴 떠올랐지.

그래도
한가위 며칠 전
이삼십 리 걸어서
대목장 다녀온 울 엄마.

이뿐이 색동 양말
검정고무신 한 켤레
난
까만 옥양목 옷 한 벌.

얼마나 좋았던지
동생하고 난
만지작만지작

수도 없이 몇 번을
신었다 벗었다
입어봤다 하다가,

잠자리 머리맡에
토닥토닥 개어 놓고
날 새는 줄 몰랐지.

이튿날
한 집 건너

아랫집 순희도
꼬까신 얻어 신고,

달빛 그늘 가로질러
골목길 이리저리
뛰어다녔지.

그러다가
며칠 후
어떤 할매 손잡고
도랑 건너 잰걸음
어디론가 떠나갔지.

그 후 가끔 궁금해
순희 소식 물었지만
사람들
고개만 설레설레 저었지.

이렇게
오랫동안 아리고
잊혀졌던 순희야!

코스모스 춤추고
보름달 노래하는
올 한가위 때
고향 한 번 가보자.

영자

봄날 같았던
가슴이 출렁인다.

낯선 바다
바람배 올라탔다.

설렘이란
풍선 하나 둥—둥 떠다니고—
하차장 마중꾼들
끼웃—끼웃 시끄럽다.

은발머리 두리번
멀뚱—멀뚱 서 있다.

"영자야" 불러놓고
웃고만 바라본다.

그 옛날 곱던 모습
더듬—더듬 찾아본다.

목소리 낭랑할 뿐
세월이 훔쳐갔다.

남몰래 감춰뒀던
연분홍 쪽지 한 장—

찡한 눈물 속에서
축축이 젖고 있다.

찔레꽃

찔레꽃 피는 언덕
샛바람 잠시— 잠시
쉬어가던 외진 곳.

하얀 꽃송이— 송이
꺾어 보려 하다가
그 자리에 그만 주저앉고 말았다.

해맑던 소녀 얼굴
무슨 말 한마디 할 것만 같았던
그때 그 소녀.

이곳에서
만날 수 있을 줄이야.

흰 저고리 검정치마
하이얀 보조개 그려놓고
수정 같은 물결 미소 던져줬던 그 소녀.

까마득— 까마득 잊혀졌던
그 소녀 언제부터
이곳에 홀로 피어 있었을까.

"날—, 데려가지 마세요."
죽음 앞에
애절했던 소녀 목소리.

오월의 찔레꽃 향기는
잊지 않고
지금도 기억하고 있을까.

샛바람
때도 없이 불던 봄날
훨—훨 날아보지도 못했던 그 소녀.

이렇게
낯설고 외로운 언덕 위에
그때 그 모습— 그대로,

오늘도
살포시 이슬 웃음 보이며
누구를 기다리고 있었을까.

어쩌면 저 혼자서
소근— 소근 웃어 보다
훌쩍— 훌쩍 울다가—,

그렇게— 그렇게
살랑—살랑 흔들리는
꽃이 되어 있었을까.

조팝나무꽃

보리밭
언덕배기.

시냇물가
바위 틈.

남몰래 피었다 지는
운명인가.

실가지에
촘촘히 맺힌 하얀 포말.

아름답다 말하기엔
너무나 애잔하다.

아침에 인사하며
활짝 웃는 너를 보면,

너무 작아
그러는 게 아니라,

속마음 무엇인지
알 수 없어 답답하다.

이슬로 목을 적신
청순한 모습도

가냘프게 웃고 있는
하얀 몸매도

그저 한번
안아주고 싶을 뿐.

낯선 이 지나가는
발자국 소리에,

섧은 인연 싫다며
꽃잎 날려 토라지더니,

어느 때
부터인가—,

도회지로 뛰쳐나간
산골 처녀.

수줍음 발랑 벗고
도도해졌다.

흑백사진

어둑—어둑 가을밤
아궁이 앞에 앉아

부지깽이 손에 들고
꾸벅—꾸벅 졸다가도

"엄마" 하고 소리치면
활짝 웃던 울 엄마.

언제 봐도 그 옷에
검정 고무신 한 켤레.

늘그막 버스 타고
벚꽃 구경 나갔다가

사진사가 찍어 준
흑백사진 한 장 들고

왜 이리 늙었다냐—!
왜 이리 늙었다냐—!

한숨 한 번 체념 한 번
방바닥에 던져놓던 흑백사진.

울 엄마 떠나시고
잊혀졌던 그 사진

오늘에야 찾았다.

숨어 버린 여인

숨어 버린 여인을
찾아 나섰습니다.

아까 여인이
사뿐—사뿐 걸어가다—

노오란 구름 속으로
숨어 버렸습니다—.

파아란 색 치마를
벗어 놓고 숨었습니다.

갈바람
이곳까지 올라와

날아가고파
다닥—다닥 붙어 있던 나비 떼를

구름 속에 가둬 놓고
떠나가 버렸습니다.

누군가 기다리던
하얀 점점 코스모스—

이 높은 바다 위에
울며 피고 말았습니다—.

나는 숨어버린 여인을
찾을 수가 없었습니다—.

이렇게라도 떠나간 길
더듬—더듬 찾아보고 싶었습니다—.

첫사랑

쌓이고 쌓였는데
자꾸—자꾸 눈이 옵니다.

자작나무 가지마다
하얀 미소 앉았습니다.

유년 시절 그때는
사랑인 줄 모르고 좋아했던—

그 소녀
찾아보고 싶었습니다.

은빛 세계 속으로
숨어버린 소녀의 발자국

어디에 숨었는지
이제는 찾을 수가 없었습니다.

한낮에 햇살 받아
사르르르 녹아 우는 눈꽃송이—

이제 보니 아련한
첫사랑 모습 같아 슬퍼집니다.

그리 쉽게 부서질
슬픔을 내게 주고—

모른 척 홀연히
떠나야만 했는지 모르겠습니다.

밤이 되자
앙상한 외로움—

나를 안고
그저—그저 울고 말았습니다.

선술집

군산항 부둣가
비릿한 정 휘감긴 선술집 하나.

갯 넘어 우는 바람
그때나 지금이나 그대로다.

땅거미 야금—야금
선창가 내려오면—

선술집 미닫이문
여닫는 아픈 소리—

술주전자 토해내는
하룻밤 한숨소리—

일그러진 술대접에
뱃사람들 노랫소리—

그 옛날 파도마저 들썩이던
청량한 아라리오— 아라리오.

그때가 그리운지
지금은 울고 있다.

달빛에 몸을 던진 선술집 하나
나를 닮아 무정하다.

짝사랑

짝사랑인 줄도 모르면서—

단 한 번
그 사람이 나를
쳐다보았다는 이유만으로,

마치
그렇고 그런 사이가 된 것처럼,
— 또 하루가
그렇게 지나가고 말았다.

짝사랑인 줄도 모르면서—

단 한 번
그 사람이 나를 보고
살짝 미소지었다는 이유만으로

마치
그렇고 그런 사이가 된 것처럼,

또 몇 달이
그렇게 흘러가고 말았다.

짝사랑인 줄도 모르면서—

단 한 번
그 사람이 "안녕하세요"
인사 한 번 건넸다는 이유만으로,
마치
그렇고 그런 사이가 된 것처럼,

또 몇 해가
그렇게 흘러갈지 모르겠다.

짝사랑인 줄도 모르면서—

어느 날 갑자기
그 사람 생각이 나면,
마치
그렇고 그런 사이 된 것처럼,

추웠다가 더웠다가
그렇게 몸부림친다.

이런 것이
짝사랑인 줄도 모르면서—

첫날밤

하이얀 커튼 한 폭
첫날밤을 가리우고
졸음 촛불 잠든다.

혼야의 깊은 밤
치마폭에 젖어 들고
푸른 강물 침실을 적시운다.

향기로운 첫날밤
치러보지 못했던 소쩍새
울다— 울다 밤새 울고—

풀벌레 잠든 사이
어둠 서린 바닷속
밤새도록 춤을 췄다.

세상 처음 날갯짓
백조의 울음소리
순결하고 아름답다.

영원토록 기억될
떨림 속 첫 잠자리
별 바다에 빠져들고—

이슬 맺힌 정원에
선분홍 꽃 이파리
한 잎— 두 잎 뿌리더니—

별 바다에
빠져 있던 순이는
나비 잠을 자고 있다.

그 여인

애절함도
사라지게 하려나
시린 바람 밀려옵니다.

간절히 갈구하다
말라 야윈 잎사귀
정신줄 내려놓는 겨울입니다.

당신은 부끄러워
벗은 몸매 감추려 주저앉아 버린
새벽강가 물안개 닮았습니다.

연지빛 미소는
무르익은 홍조 되어
여인으로 거듭나고

오늘도
잠길 듯 별빛 눈빛
깊은 심장 헤집고 들어옵니다.

두근—두근
수줍어 녹아내리던
연분홍 하트 하나

속앓이
몸부림치다
이슬 되어 내려옵니다.

노랑나비

가을 햇살 아래로
노오란 나비 떼 날아갑니다.

바람 위에 올라앉아
흔들—흔들 춤을 춥니다.

바람은 이따금
이리저리 휘젓고 다니다가

나비 떼를 몰고서
호떡집 의자 밑에 숨었습니다.

기다리다 보면은
만날 수 있다기에

저린 아픔 삭히며
숨어버린 노랑나비.

서럽게도 나비는
날개가 없어

우물쭈물하다가
혼자 울고 말았습니다.

쓸쓸한 바람 불고
비 내리는 날이면

함초롬히 젖은 나비
땅바닥에 흩날립니다.

뜨겁게 사랑했던 연인들
애써 모른 척 지나갑니다.

용추사

나무 사이 오가며
노래하는 산새 여유롭고
옷깃 스치는 바람 한가하다.

공기 좋고 물 맑은
산사 있다기에
물어 찾아 여기 왔다.

이곳 시골장터
참기름집 아지매 시동생
요양했던 곳이란다.

말기 암
항암치료 받으면서
왔다 갔다 했던 모양이다.

동안거 들기 얼마 전
공양음식 사용할 참기름 찾던
스님 한 분 알게 됐단다.

담양 용연리 추월산 끝자락
쉬는 듯 산그늘 이불 삼아
산세 흐름 부드럽고

흐르는 계곡물
옥구슬 퍼져 나는
소리 들린다.

이 산에서 저 산으로
산토끼 뛰넘을 듯
닿을랑 말랑 가깝다.

저 안산 버팀 자세
욕심 많고 심술궂은
코흘리개 같고,

주저앉힌 듯
꿈틀거리는 저 심술
아직도 살아 있다.

대웅전 옆 실개울
약수터 물바가지
보살님 씻김 손 기다린다.

비탈진 길다란 텃밭
꽃상추 잎사귀
낮잠 자듯 늘어지고,

목줄 없는 진돗개
스님 신발 배 깔고
무료함 달래본다.

해 멀어 넘긴 서산
오늘 밤 머물고 갈
검정 색감 속에 잠들고,

별들 누워 잠들지 못해
그냥— 그냥 서성이다
별똥 되어 하늘 긋고 사라진다.

만세 억겁 무거움
첩첩 쌓아
용추사 묶어 놓고,

힘겹게 어둠 깬 먼동
산사 앞마당
살며시 내려 앉아,

목탁소리
속세 찾아
퍼져 나간다.

불전
합장한
저 스님 뒷모습.

어쩌면 저렇게도
꼭—
내 동생 닮았다.

봄소식

간들간들 진달래
드문드문 피었습니다.

고운 봄 수줍어서
푸른 봄빛 불그스레 웃었습니다.

개나리 노란 배꼽
샛노랗게 풀어헤쳤습니다.

어느새 산촌에는
밤 그늘 깊이깊이 드리우고

개울가 어린 이끼
물방울에 부들부들 떨며 웁니다.

시렁 위 옷 보따리
소맷자락 빼꼼히 내밀고

헛간 서까래 사이사이
파란 별이 쏟아집니다.

바람은 밤새도록
봄을 안고 지나갑니다.

바람은 내 님도 아니면서
창가를 두드립니다.

장맛비

후덥한 아랫도리
비 올려나 끈적하다

진회색 구름 더미
산봉우리 삼키더니

갑자기 거칠어진
어둠의 한숨 소리.

우르르르 쾅—쾅
한여름날 아픈 소리.

쏟아 붓는
장맛비 저 소리는,

그 옛날
순이의 울음소리.

그렇게도
참아왔던 울음보

울컥— 울컥하다가
이제서야 터졌나 보다.

길—길이 물바다는
순이 놀던 돛단배 길.

한참을 두리번거려 봐도
이곳저곳 막막한데—

할미된 순이 혼자
심어 놓은 채송화꽃

물자리 드러누워
눈을 감아 버렸다.

당신이 봄입니다

산 꿩 날던 봄날에
점순이 시집을 가도

내 그리운
당신이 봄입니다.

홍매화 희롱하던
초승달

웃자란 청보리밭
바람 타고 도망치다

싸리문 열어 놓고
당신을 기다리던 날 보더니

하이얀
옷자락 구름 속에 숨었습니다.

저 멀리 나무와 나무 사이
새 울고 꽃 피어도

내 그리운
당신이 봄입니다.

제 3 부

그리고 사랑하지 않았다

L E E   S A N G H E E

그리고 사랑하지 않았다

산촌 마을
들꽃 상여 들메고
아지랑이 보리밭길
슬피 울며 지나간다.

어듸 뫼 가는 망자
메기는 소리 없고
받는 소리 하나 없이
꽃상여 떠나간다.

넋 나가
고개 숙인 상여꾼
훌쩍훌쩍
투벅투벅 걸어간다.

미열 홍조
눈물 속 가슴 미어지는
이 세상 가장 슬픈 병
시름시름 앓다가

때 지난
먼지처럼

훌~훌
털어낼 수 없었던지

하루 종일
손거울 들여다보며
연지곤지 토닥토닥
그리도 꿈 세월 엮어 보더니만

머나먼 곳
리비아 트리폴리
용접봉 지져대며
석삼년 내일 모레 끝인데

푸른 산
내리쳐 무너졌고
파랑새 꿈꿨던 하늘
갈기갈기 찢어져 버렸다.

....

그리고
그날 이후
아무도
사랑하지 않았다.

그리움이 파도 속에서 울었습니다 1

나는
오늘도
기다리고 있었습니다.

기다리다 지쳐서
찹쌀떡 장수 골목길 지나가는
깊은 밤 되었습니다.

먼동 틀까 두려워
이불 푸—욱 뒤집어쓰고
기다리고 있었습니다.

꼬끼오—
장닭 홰치는 소리에
나는 슬퍼 울었습니다.

이렇게 또 하루
가슴 아프게
흘러가 버렸기 때문입니다.

뻐꾸기 님 찾아 울 때부터
동장군 문풍지 흔들 때까지
같은 세월 보내다 지쳤습니다.

사랑
히말라야 눈 속 갇혀
오지 못할 거라 걱정해 보았습니다.

사랑
사하라 뜨거운 사막에서 지쳐 쓰러져
오지 못할 거라 생각해 보았습니다.

사랑
아마존 우림에서 아나콘다 무서워
오지 못할 거라 짐작해 보았습니다.

그러나 알고 보니
그리움
파도 속에서 울고 있었습니다.

속 터져 미쳐 버릴 것 같아
바다에
몸을 던졌던 것입니다.

서해 앞바다
그리운 님 찾다
파도 속에서 울고 있었던 것입니다.

이제 알았으니
오늘도 울고 있을 그리움 생각하며
조용히 잠들고 싶습니다.

그리움이 파도 속에서 울었습니다 2

봄—
여름 가을 겨울
하도 모를 세월이 흘렀습니다.

내 머리
새치 아닌 백발이 나부끼고
주름은 고랑 타고 흘러내립니다.

서해바다 새만금 서북 간
나지막한 산허리—
일찌감치 세상 떠난 친구 묘역 찾았습니다.

이 홉들이 소주 한 병
비닐봉지 집어넣고
산자락 꾸역—꾸역 올랐습니다.

길 따라 편한 대로
이리 구불 저리 구불 걷다가
깜짝 놀라 발걸음 멈췄습니다.

친구 묘역 한참 아래 양지 바른 곳
"그리움 파도 속에 울다 잠들다"

비석 하나 세워져 있었습니다.

세파에 떠밀리다
잊고 살았던 나의 그리움
이곳에 잠들어 있었습니다.

가슴은 콩닥—콩닥
뛰기 시작하였고—
몸뚱아리 떨려오기 시작하였습니다.

후들—후들 떨다가
그 자리 주저앉아
비석 얼굴 어루만져 보았습니다.

얼굴은 따뜻—따뜻
숨결마저 흐르는 듯—
그 무슨 이야기 들려줄 것만 같았습니다.

노을빛 붉게 물든 해질녘
참아왔던 슬픔이
파도처럼 밀려왔습니다.

잊혀졌던—
잊으려 애를 썼던 그리움
새록—새록 떠올라 참을 수가 없었습니다.

당신은 누구십니까?

오늘도
이른 꼭두새벽
깊은 잠 깨우며

꿈처럼
다가와 자리 잡는
당신은 누구십니까.

창살 틈
찬 바람 들어와
웅크리고 뒤척일 때

문득 내 옆
한자리 차고앉은
당신은 누구십니까.

이렇게 숨소리 저며 들듯
바짝 다가온
당신은 누구십니까.

내 찾지도 않았는데
시시 때때

내 삼사리 뱀노는 낭신

도대체 당신은 누구십니까.

그대만 한 사람, 없을 것 같다

두 눈을 크게 뜨고
주위 한 번 둘러봐도

그대만 한 사람
어디에도 없을 것 같다.

하얀 박꽃
송이째 닮은 미소

간절함도 살포시
안아줄 것만 같은—

함박눈 내려 앉듯
포근한 네 목소리.

그대만 한 사람
이 세상
어디에도 없을 것 같다.

캄캄한 겨울 바다
흔들리는 돛단배.

파도에 출렁이다
기우뚱—기우뚱 서러울 때,

뚫어져라
나를 담아 버린
너의 눈동자.

뜨겁게— 뜨겁게
나를 앉아버린
너의 가슴.

이 세상 헤매본들
그대만 한 사람
어디에도 없을 것 같다.

사랑은 아름다워라

사랑은
참으로 아름다워라!

파아란 눈 아가씨
나를 닮은 남자 옆에
방긋이 앉아 있다.

참으로 아름다운
윙크를 그리고 있다.

서울 지하철
혼잡 피한 순환선
한적한 시간 속에—

파아란 눈 아가씨
나를 닮은 남자 볼에
키스를 만들고 있다.

사랑은
참으로 아름다워라!

파아란 눈 아가씨 얼굴에는
무지개처럼
사랑이 피어나고 있다.

스치는 차창 햇살 받아
파아란 눈 아가씨
핑크빛 립스틱 빛나고 있다.

저다지도 아름다운 사랑
잠시 쉬었다 가려는지—

나를 닮은 남자 어깨 위에
시간을 맡겨 놓고
사랑을 맛보고 있다.

저토록 아름다울 수가—

바라만 보고 있어도—.

장날이면 기차를 탄다

나는
장날이면 기차를 탄다.

비가 오면 오는 대로
눈 내리면 그런 대로—

시골 장터 들머리
앉아 있을 그녀를 보러 간다.

아픈 세월 한 움큼
머릿수건 속에다 삭히고 살아왔을—

그녀가 보고 싶어
이른 아침 기차를 탄다.

초라한 그녀 앞엔
푸성귀 잡곡들이 철 따라 놓여 있다.

끼니 놓친 그녀가
짜장면을 후루룩 숨 가쁘게 넘겨도—

앵두알 닮은 입술
불그죽죽 질퍽해도 예쁘긴 예쁘다—.

해넘이 가까워지면
주섬주섬 보따리 이고— 지고

노을빛만큼이나
멀어져 가는 그녀 모습 애련하다.

그래도
아니 보면 보고 싶어

나는
장날이면 기차를 탄다.

내 님인 줄 알았습니다

꿈속에서—

이틀밤 그리고 나흘 동안
내 님인 줄 알았습니다.

아라비아 공주를 만난
백마 탄 왕자처럼—

달콤한 향기 속에
높이— 높이 날았습니다.

어느 때 한순간
거센 폭우 내리는 하얀 밤 보았습니다.

초롱—초롱 별을 세다
어인 일로 계절이 바뀌고 말았습니다.

그래도
미움보다 그리움 키스하고 있었습니다.

그랬던 내 님
이제는 그림 한 장 남았습니다.

꿈속에서—

이틀 밤 그리고 나흘 동안
정말 내 님인 줄 알았습니다.

소녀를 찾아서

이른 새벽
다리 건너
남쪽으로 달려갔습니다.

차창 밖
모든 것들
소년을 잊은 듯 무심했습니다.

단발머리 여학생
그 소녀
살았던 곳.

여지껏
그리움 보채이다
소녀 찾아 달려갔습니다.

한참 동안
성에 낀
버스 창문에

소녀 이름
썼다가

지워도 보았습니다.

소녀가 살았던
골목길엔

겨울 햇살 따스히
내리고 있었습니다.

소녀은
누구에게 들킬세라,

조심조심
걷고 있었습니다.

추억 속 소녀 찾아
처음이자 마지막
좁다란 골목길을
두리번두리번 걸었습니다.

그러나
그 어디에서도

플레어스커트에
흰 칼라,
소녀는 보이지 않았습니다.

그 어떤
소녀의 흔적
찾을 수도 없었습니다.

지금
이 곳을—

이름 모를 중년부인
소년 옆 스쳐 간들

그 소녀 어른 되어
지나갈 거라
짐작이나 하겠습니까.

소년은
터벅터벅

석양을 짊어지고
아스팔트 길로 나왔습니다.

소년의
머리 위엔

하이얀 서릿발
내려 앉아 있었습니다.

가을 사랑

그대를
얼마나 사랑했는지
가을에야 알았습니다.

여름 내내
풋내음
무르고 푸르더니

나뭇잎
붉게 물들자
그리움도 물들고 말았습니다.

바람처럼
흩날렸던 그리움
울긋불긋 산허리에 앉았습니다.

갈래길에서
멀어졌다
또 한 번 잊혀졌다 했는데

하염없이
밀려오는 가을 사랑
잊을 수가 없었습니다.

언젠가는 헤어지기 아쉬워
슬픔도 굽이굽이 접었던
그런 밤도 있었습니다.

하늘가 숲을 보니
참아왔던 사랑이
검붉게 타오르고 있었습니다.

아무도 오지 않는 이곳에서
붉은 낙엽 바스락— 바스락
그런 얘기하고 있었습니다.

마지막 사랑

길섶 연초록 싹
움트기 시작하면,

꽃눈썹 입 맞추고
지나가던 산들바람.

섶다리 건너 저편
꽃봄을 불러 온다.

마지막 사랑
기다리던 여인은

살며시— 살며시
뽀얀 얼굴 내밀고

눈망울
이슬 가득 머금은 채

지그시— 지그시
눈을 감고 앉아 있다.

단 한번만이라도
가까이 다가가고 싶었던,

고이—고이
숨겨뒀던 마지막 사랑.

이제는
눈을 뜨고 싶었다.

여름날 장맛비에
꿈쩍 않던 사랑 하나.

쪽빛 하늘 구름처럼
가슴팍 열어 놓고

이렇게
바람 부는 봄날에야

마지막 사랑 붙들고
설렌 꿈 꾸고 있다.

코스모스

꼭 한번
걸어 보고 싶었던 길이었습니다.

그곳에는 띄엄—띄엄
코스모스 피어 있었습니다.

갈바람 불어오자
멈칫—멈칫하다가도—

가녀린 제 한 몸
쓸쓸함 털어 내고 있었습니다.

그러다가 가을비
추적—추적 내리던 날—

길섶 들국화도
옛 님 얼굴 그리며 피었습니다.

비에 젖은 코스모스
어쩔 줄 모르다가—

지금이다 싶었는지
울음보 터트리고 말았습니다.

흰 저고리 촉촉이
꽃물결 번져가고—

고여 있던 눈물방울
빨간 입술 적셔 옵니다.

오늘 따라 갑자기
옛 생각 떠올라—

뒷걸음질하다가
넘어지고 말았습니다.

잊어야 하는데
잊어버려야 하는 건데—

코스모스
지고 나야 까맣게 잊어질까.

꼭 한 번
걸어 보고 싶었던 길 위에서

혼자서
우두커니 앉아 있었습니다.

고추잠자리

혼자라도 좋단다
높다란 푸른 하늘.

아래위 꽃 자주색
얼굴빛도 닮았다.

억새꽃 아파 울어
잎새에 앉지 않고—

춤 한 번 추고 싶어
가을산을 넘었다.

산들한 코스모스
꽃잎에 앉자마자—

흔들—흔들 멋지게
추임새 넣더니—만,

누가 오나 솟구쳐
싸리문 밖 내다 본다.

제 한 몸 빨갛게
춤을 췄던 고추잠자리—

뒷문으로 떠난 사람
누군지도 모른다.

그 소녀에게

가을이 가기 전에
그 소녀에게
편지 한 장 써야겠습니다.

여태껏
쓰지도 안했으니
부치지도 못했던
편지 한 장.

긴 머리
검은 눈썹
청바지에 하얀 티셔츠.

구름을 밀어 올린
가을 원두막 삿자리
예쁘게 걸터 앉아
책을 읽고 있던 소녀였습니다.

나무초리 앉아 놀던
고추잠자리
소녀 머리 사알짝 만져 보고
달아났다 내려오면,

방긋이 웃어주던
소녀 얼굴 기억 따라
지금껏
더듬더듬 살아왔습니다.

박꽃처럼 순결함
묶어 놓고 살다 보니
하얀 가슴 빨갛게
물들이고 있었습니다.

내가 이리
좀 더 일찍
속앓이 담아내어
털어 놓을 수 있었다면,

그 소녀에게 부치는
가을 편지 속에

"네가 정말 보고 싶었어" 라고
말하지 않아도
됐을 텐데 말입니다.

님 마중 어찌하고

님 마중 어찌하고

어슴푸레 저물녘
눈바람 매서운 이런 날에

말없이 떠나십니까.

달빛 흔적 조각조각
창백한 겨울밤

동강 난 사연 하나
만지작—만지작거리다가

모른다 모른다고
설레설레 흔들더니

지난날 운명처럼
흠뻑 취해 사랑했던

님 마중 어찌하고
말없이 떠나십니까.

고왔던 이야기
꽃밭에 숨어 놀던 봄날 오면

그리움
내치지 못할 바에야

님 마중 어찌할려고
그렇게 떠났습니까.

목련

기다렸던 그 님은
언제쯤 오실까.

밤마다 불어오는
산들바람 한 자락.

남몰래 숨겨뒀던
뽕긋한 젖꼭지 하나.

살금—살금 더듬고
가는 줄 알았는데—,

보송—보송 노루발톱
미련 없이 버리고

철없던 하얀 목련—,

어둠이 잠든 사이
옷고름 풀어헤쳤다.

들국화

님 떠나
울었던 언덕배기

길섶에
피어 있는 들국화.

해마다
잊지 못해 찾아와도

보랏빛
그리움 지울 수 없다.

가끔은
너를 보고 쉬었다 간다마는—

아무도
오지 않는 외로운 곳이라도

들국화야—
너만은
울지 말고 피어 있거라.

제 4 부

소녀의 눈물

L E E   S A N G H E E

아빠의 눈물

술 취해
비틀거리는 아빠를

얘들아
잘해드려라.

취해서
비틀거리는 것보다
삶이
버거워서 그런단다.

달빛 아래
걸어오는 아빠를

달려 나가
안아드려라.

흐르는 눈물
보이지 않기 위해

달빛 그늘 따라서
걸어온단다.

얘들아,
아빠를 안아드려라.

어느 날 갑자기
너를 떠나
저 멀리 아주 멀리
떠나갈지 모른다.

소녀의 눈물

자신이
어여쁜 꽃이란 걸
잊어버린 소녀.

피기도 전
무참히 짓밟혔으니
제 안의
꽃망울도 알 리 없었다.

은밀한 짝사랑도
고백해 보지 못한
가녀린 열여섯 살.

소녀의 조국은
일본 제국주의 식민지
조선 땅이었다.

배불리
먹게 해 주겠다,
비단공장
취직시켜 주겠다.

솔깃한 이 한마디에—

이리저리
끌려다니며
일본군을 몸으로
받아 낸 소녀.

낯선 땅 늦은 밤
촛불 앞에 앉아
고향 생각
울지 않는 날 없었다.

지옥 같은
고통의 기억 덩어리
감자밭
흔들리는 바람처럼,

뭉클뭉클
잊혀지지 않아서
피눈물 강물 되어 흐른다.

해방되자
일본놈 달아나고
꿈속에서 보았던 고향 땅
달려가고 싶었지만,

망신스런 생각에
발목 잡혀
타향으로 발길 돌렸다.

누구한테 얹혀서
살아갈망정
무슨 양심으로
시집을 가겠는가—

그렇게도
보고 싶었던 사람들
발길 끊어버리고,

그저 그저
죄인처럼
쓸쓸하게 살아왔다.

겨우겨우
살아난 것 생각하면
꿈만 같지만,

지워지지도
버려지지도 않는
지독한 이놈의 한(恨)

이제 꽃은 시들었다.

조국이여!
시간이 없다.
제발 어서
내 맑은 영혼 찾아주오.

＊광복 70주년을 맞이하면서 위안부 할머니들께 바친다.

젊은이의 눈물

벌건 대낮 서울
종로 네거리.

한 젊은이
고함을 지르면서 몸부림친다.

"왜,
나는 안 되는 거야!"

세상을 원망하며
하늘 향해 절규한다.

자지러지며
서럽게 서럽게 몸부림친다.

친구인 듯 서너 명
젊은이를 붙들고.

넋 나간 눈빛으로
대로를 횡단한다.

밀려드는 차량들
저마다 길을 가던 사람들

누구나 할 것 없이
멀거니 쳐다만 본다.

무엇이
저 젊은이 힘들게 하였을까.

그 옛날
우리가 힘들게 살아왔던 것.

이제 그만 여기서
끝났으면 좋으련만—

내 새끼 빼닮은
저 젊은이.

언제까지
저렇게 살아가게 할 것인가.

언제까지
우리들 손 놓고 있을 것인가.

이 나라 기둥마다
촛불 밝힐 젊은이여!

울고 싶을 때
마음껏 울어 버려라.

그리고
흙수저라 한탄하지 말아라.

너보다 훨씬 못한
똥수저도 있단다.

그러니 젊은이여
길을 찾아 나서 보자.

우리 함께 걸어요

산 들새 노래하고
들꽃 춤추는
실개천 길
우리 함께 걸어요.

들녘 가을걷이
바쁜 농부들
누구더라 궁금해
한번쯤
쳐다볼 거예요.

아침 파도
바위 얼굴 씻겨줄 때
파아란 드레스
벗어던지는 해변길
우리 함께 걸어요.

저 멀리 가물가물
갯벌 조개 캐던 어부
허리 한번 펴 볼 겸
한번쯤
쳐다볼 거예요.

별을 품고
잠이 든 어두운 밤
정답게 속삭이며
우리 함께 걸어요.

별들
소근소근
시샘하다 살며시

한번쯤
쳐다볼 거예요.

가을비
내리는 늦은 오후
삼청동 나들길
우리 함께 걸어요.

사랑 한번
흠뻑 해 보고
떨어진 낙엽들
밟고 걸어도
슬퍼하지 않을 거예요.

내일이든 모레든
함박눈 내리면
버릴 것 다 버리고
우리 함께 걸어요.

세상 살아가면서
만날 사람들
사랑만큼 소중한 것 없다며
한번쯤
웃어줄 거예요.

매화

싸락눈
사락사락
바람에 흩날리고

매화꽃
달빛 받아
곱디고움 고고하다.

섬섬(閃閃)히 간직했던
선비의 품격 기품
오늘에야 토해내고

강 건너 이곳저곳
향기 품고
홀연히 피어난다.

빗속을 걸었습니다

빗속을 걸었습니다
철벅—철벅 혼자서

빗방울 바짓가랑이
흠뻑—흠뻑 적시고 말았습니다.

내리는 비 맞아 주고 싶어
좋은 척 걸었습니다.

그래야
가을에야 내리는 두려움

조금은
잊을 거라 생각했습니다.

네온은
춤을 추었습니다.

쌍쌍이 불빛 가르며
골목길 지나갑니다.

연인인 듯
빠알간 성냥갑 속으로 들어갔습니다.

간판은
"어서 오십시오" 고개를 숙였습니다.

내가 바람이라면

내가
바람이라면

봄가을 상관없이
불어 날고 싶어라.

내가
방금 스쳐 간 바람이라면

그저— 그저
저 멀리 날아가고 싶어라.

내가
바람 되어 날아갈 수 있다면

밤낮이
무슨 소용 있겠는가.

님 계신 곳
어드멘 줄 알 수 없지만

내가
바람이라면

회오리바람 되어
휘 끌어안고 오리다.

촛불

주르르륵 님의 눈물
내가 울어주리라.

단 하나
간직해 온 생명선

내가 울어
네가 행복해질 수 있다면

너를 위해
오늘 밤 불태워 사르리라.

타는 아픔 삭히며
한 서림 삼켜 버리고

밤 새워
하얀 알몸 아래— 아래로

주르르륵 님의 눈물
내가 울어주리라.

어느 청년의 죽음

서울 지하철 2호선
구의역

비정규직
열아홉 초록 청춘

용역업체
이름표 달고 숨져갔다.

참— 슬프다
그리고 답답하다.

협력업체— 비정규직
참— 말이 좋다.

언제부터
군대 아닌 세상에

낙하산
줄줄이 내려와

임금— 복지— 정년
주물럭거렸나.

언제부터
또다시 이 땅에서
현대판
수탈시대가 판을 치고 있었나.

조선시대
양반— 상놈 정해 놓고,

마음껏
해 처먹던 버릇이 도졌나.

가마솥 걸어놓고
맛깔나게 밥하란다.

수저 들고 뒷짐 지고
거들먹거리면서—

터졌다 하면
죽은 자 잘못이라며 덮어씌운다.

참— 나쁜 버릇
도둑놈 빼닮았다.

이 사람들아—!
좀 솔직해라.

정규직— 비정규직
원청— 하청— 재하청— 재재하청—

자본주의가 변질시킨
현대판 노예제도.

노예는 평생 동안
위험과 가난 속에 살아간다.

가방 속 컵라면
살기 위한 끼닛거리.

컵라면 한 끼 때울
여유라도 있었다면—

청춘도 사랑 한 번
해보고 싶었으리라!

사용자들 이들을
사회적 약자라 이름 지어 부른다.

그들이 체면상
불러주는 동정심이다.

며칠째 역 내에서
포스트잇 울고 있다.

그 눈물
열아홉 청춘을 닮아서

시뻘건
강물이 되었다.

참— 슬프다.
그리고 답답하다.

그래도 시장경제
민주주의 꽃이란다?

연안부두

목포항 연안부두

설잠 깬 늙은 여객선
동아줄에 묶여 있다.

진눈깨비 내리는
이른 아침.

겨울마다
발가벗어 시럽다.

압해도 다녀온 배
파도에 출렁일 뿐,

부둣가 어디에도
그 여인 보이지 않았다.

엉켜 있다 흩어지는 파도
퍼걱퍼걱 울고 있다.

그 여인 섬으로 떠난 자리
바람 불어 추웠다.

애인처럼 바라볼 수 있다면

봄날 같은
그리운 사랑 한 번 주고 싶다.

달빛같이
황홀한 사랑 한 번 받고 싶다.

그대 곁에
바아짝 간지럽게 앉아 보고 싶다.

어쩌다 마주쳐도
낯설지 않은 반가운 얼굴이었으면 좋겠다.

이왕이면
그대 얼굴 예쁜 점 하나 있었으면 좋겠다.

아니— 아니
보조개 포오옥 파여 웃고 있었으면 더욱 좋겠다.

그 다음은
나를 풍덩 담아 줄 호수 같은 눈이었으면 좋겠다.

이러지 못할 바에는—

차라리 애인처럼
멀리서 바라볼 수만 있어도 좋겠다.

그리움만 숨어 버렸다

불그스레
촉촉한 그녀 입술.

옷고름 풀어헤친
빨간 석류 빼닮았다.

어느 봄날
살랑—살랑 수줍다 얼굴 붉힌 진달래.

그 누굴
그렇게도 기다리며 피었을까.

개울가 풀섶에
그린 듯 훌쩍—훌쩍 홀로 앉아—

한 잎 두 잎 꽃잎 따
띄워보낸 너의 모습 마냥 슬퍼—

힐끔—힐끔 들킬세라
버들꽃 뒤 숨어 버렸다.

이런 나를
차마 볼 수 없었던지—

꼬깔 쓴 운장산*도
스르르르 울고 말았다.

진눈깨비 뿌옇게
빗질하는 겨울산

온종일 내린 눈에
그리움만 숨어 버렸다.

겨울나무 쇠박새
아까부터 울고 있다.

*운장산 : 전북 진안에 있는 해발 1,126m의 산.

거미줄

얼마나
힘들었을까.

얼마나
가슴 아팠을까.

한강대교
다리 난간.

해진 구두
한 켤레.

벗어 놓은
갈색 가방.

'유서' 라고
써 놓은

하이얀
봉투 하나.

무엇을
말하고 싶었을까.

그 어떤
거미줄에 힘들어 했을까.

한 생명의 위대한 탄생—
이곳에
버려지고
던져졌다.

가지 마오
가시면 안 됩니다.

누군가
붙잡아주었더라면—.

오키나와 아리랑 고개

일본 땅 오키나와
그곳에도
아리랑 고개가 있단다

한 많은 아리랑 고개가—

오키나와 서쪽
사십삼 킬로미터
한가한 아카 섬

민간인 집 몰수해
만들어진 위안소
난푸소 건물.

지금도 눈물 먹은 채 서 있다.

위안부들 쉬는 날
아카 섬
고개 올라

달래 캐며
부르던 노래
아리랑이었단다.

부르기 시작한 아리랑
해질 때까지
부르고 또 불렀단다.

지금도
위로 받지 못하고
한을 안고
살아가는 할머니들
세상 처음 알려진 것은,

1972년
오키나와 일본에
반환되면서,

마지막
최후 생존자
'배봉기' 할머니*,

불법 체류
머물러 온 긴 사연
하나둘 증언하면서
위안부로 밝혀졌단다.

꽃다운 청춘 일곱 명
일본 특공부대
배편에 실려 와
아카 섬 발 디뎠단다.

하얀 얼굴 너무 예뻐
섬마을 남자들
혼 나갈 정도였단다.

하얀 저고리에
아랫도린
몸빼 바지 입고 있었단다.

맏언니는 서른 살
막내는 열여덟 꽃띠
둘째 언니 스물다섯.

둘째 언니
가고픈 고국 땅에
아들 남편 있다면서,

어느 날
돌아갈 지 몰라
울음 그칠 날 없었단다.

그대로
남아 있는 난푸소
빨강 지붕 슬레이트.

나무판자 가려졌던
통곡의 벽
콘크리트로 바뀌었을 뿐.

그녀들
전쟁으로 초토화된
오키나와 들판에 버려져,

두 눈 감지 못한 채
최후 맞이했거나
행방불명 됐을 거란다.

아리랑
아리랑 아라리오
아리랑 고개로 넘어간다.

한 서린
아카 섬 아리랑 고개
우리의 딸 슬픈 영혼들.

오늘도
아카 섬 어디에선가
고국 땅 갈 길 몰라

가여운 영혼들
가시밭길 울며불며
헤매고 있지나 않을까.

* '배봉기' 할머니 : 최초의 일본군 위안부 피해 증언자. 1991년 77세로 작고하셨다.
* 2015. 6. 24. 22:00 경기도 용인시 모 병원에서 또 한 명의 위안부 할머니, 김연희 할머니께서 향년 83세로 통한의 별세. 명복을 빌면서 「오키나와 아리랑 고개」를 올려본다.

어쩌다가

어쩌다가—
어쩌다가 그 많은 사람들 중

우리가
이렇게 사랑하게 된 것은

우연인 척
생각지도 못했던 서로를 만나
뜨겁게
용광로에 빠져 버렸다.

어쩌다가—
어쩌다가 사랑하게 된 것은

인연인지
맨날 봐도 너무 좋아 그냥 좋아

달 지는 줄
해 뜨는 줄 모르다

어쩌다가
어느 날 쌈줄 하나 걸었다.

울지 마라

터 놓고 얘기 나눌
친구 없다 울지 마라.

겉으로는 야들야들
친구—친구 떠들지,

어디 그리 미더운
친구가 많다더냐.
애인 한 명 없다고
밤새워 울지 마라.

그 여자가 저 여자고
저 남자가 그 남자다.

누굴 믿고 순정 바쳐
사랑하기 쉽다더냐.

땡전 한 푼 없다고
서럽게 울지 마라.

돈 많다 팔자걸음
거들먹거리다,

죽을 때는 동전 한 닢
못 가지고 가더라.

출세 못했다 울지 마라.
인물 났다 소문나더니,

돈 처먹고
감방 간 지 오래됐다.

못났다 울지 마라
잘났다는 년놈들,

발광하듯 지랄하다
동영상 떠다닌다.

이 세상 태어나
이런 일 저런 일로,

답답해 못 살겠다
땅을 치며 울지 마라.

이렇게 사는 것도
그런 대로 살 만하다.

그리움의 포에지(Poésie)

— 박가박의 시세계

우 종 상

(문학평론가 · 시인 · 문학박사)

1. 들머리

흔히 문학(文學)은 '인생의 거울'이라고 한다. 이 말은 우리 삶의 다단(多端)한 모습을 여과 없이 두루 비춰서 보여 주는 것이 문학이라는 뜻을 담고 있다고 하겠다. 물론 인생을 반사해 보인다는 의미의 거울인 문학은 단순히 인생을 반영(Reflection)하기만 한다는 의미는 아닐 것이다. 곧 환언하면 문학이라는 거울은 특이하여 인간과 그 삶의 겉모습만을 비춰 보이는 데만 국한하지는 않는다는 말이다. 문학은 인간의 정신과 영혼과 감정과 정서 등의 모습들과 심지어 유무형(有無形)의 다양한 모양새들을 비춰 보이기도 하는 것이다. 그러므로, 문학은 인생의 거울이되 인생의 내면까지 비춰 보이는 거울이라고 할 수 있다.

결국 문학의 역할은 인생을 배우고 인생의 진실을 밝히는 일에 있다고 할 것이다. 인간이 인간다울 수 있고, 참다운 인간이기를 바라고, 인간이 무엇인가를 알고자 할 때, 문학은 당연히 인생의 행로에서 등대와 같고,

나침반과 같은 기능을 한다고 할 수 있다.

문학의 장르(Genre) 중에서 가장 대표적인 언어 예술인 시(詩)는 인간의 복잡하고 미묘한 감정, 사상 등을 가장 섬세하게 엮어진 언어로 나타내는 문학 장르로서 언어를 아름답고 다양하게 선택하여 인간이 가진 정서와 사상을 압축하고 통일된 운율적 언어로 형상화한다.

시는 서정 문학을 대표하는 장르이다. 소설과 같은 서사 문학은 가상으로 설정된 이야기꾼을 통해 일어난 사건의 전말을 들려주는 데 창작의 목적이 있다고 한다면, 서정 문학은 개인의 감정을 드러내는 데 목적이 있다. 고대 예술은 시(詩), 가(歌), 무(舞)가 일체가 된 원시종합예술의 형태였지만 시의 모태는 사람들이 즐겨 부르던 노래였다. 사람들은 노래를 통해 하고 싶은 이야기를 전달하기보다 삶의 여정에서 느낀 여러 가지 감정들을 표현하고 싶어 했다. 그러다가 음악적 요소가 점점 약화되고 상대적으로 문학적 요소가 강화되면서 발전해 온 것이 오늘날의 문학적 장르인 시라고 할 수 있을 것이다. 이런 맥락에서 본다면 어떤 상황 속에서 개인이 겪게 되는 정서를 여실히 드러내는 것이 시에서 가장 중요한 본질이고 역할이라고 할 수 있지 않을까?

박가박 시인의 시집인 『그리움이 파도 속에서 울었습니다』에는 제1부 「말 못할 사랑」의 15편과 제2부 「당신이 봄입니다」의 17편과 제3부 「그리고 사랑하지 않았다」의 16편과 제4부 「소녀의 눈물」의 16편으로 전 4부 64편의 주옥(珠玉)같은 시편들이 마치 초록빛 풀잎에 맺혀 아침 햇살에 빛나는 찬란한 진주와 같은 이슬방울처럼 영롱한 나름대로의 빛깔을 가지고 언어의 아름다움을 간직하고 있다고 하겠다.

그의 시는 예외는 있겠으나, 대체로 개인적인 주관적 정서를 표현한 서정시(抒情詩)가 대부분이라고 할 수 있다. 서정시는 인간의 지극히 주관적인 감정을 표출한 시로서 주(主)와 객(客)의 합일 내지는 일체화를 꾀하게 되므로 우리는 '자아(自我)'를 둘러싼 세계와 하나가 되는 느낌을 받게 된다고 하겠다.

대체로 서정시라면 음악적 리듬(Rhythm)에 실려 노래하는 독백적 양식의 문학이므로 읽는 독자들은 시를 읽음으로써 시인의 은밀한 독백을 알게 되는 즐거움을 향수(享受)하게 된다. 그리고 서정시들은 대체로 박가박 시인의 시와 같이 그리움, 사랑, 기다림, 고독, 이별, 미련과 추억 등의 내적인 느낌을 그 지향점으로 한다.

그리고 첨언(添言)하면 서정시는 어떤 시적 대상을 자아화(自我化)하여 언어로 표출하기에 독자는 시인의 시를 읽어가는 동안 서정시의 화자인 시인과 읽는 독자인 자신을 동일시(Identification)함으로써 작품 속으로 몰입(沒入)하게 되고, 아울러 그로부터 새로운 시적 세계로 참여해 들어가는 미적 효과를 얻게 된다고도 하겠다. 이러한 감정의 교류를 통해 결국 감정의 순화가 이루어진다.

박가박 시인의 시에서 대체로 주종을 이루는 심상(心象)은 그리움의 원형심상이라고 할 수 있다. 원형심상이란, 관습적 이미지가 전통적 문화로 나타나는 자연현상에 대한 인식에서 비롯된다고 하는데, 어느 한 시대의 개인이나 민족 구성원의 차원을 넘어서 고대로부터 현대까지 이어지며 되풀이되는 상징의 의미가 문화적, 지역적 제약의 한계를 넘어서서 인류적 보편타당성을 갖는 것을 말한다. 전게(前揭)한 그리움, 사랑, 기다림, 고독, 이별, 미련과 추억 등의 정서를 노래한 것들을 일컬어 원형심상의 시적 표현이라고 보면 무리가 없다.

원형심상(原形心像)에서는 시어(詩語)가 물이라면 죽음과 이별, 충만한 사랑이나 영원성을 상징한다고 할 것이며, 비는 우울하고 어두우며 슬픔의 상징으로, 달은 그리움의 대상이나 기원을 나타낸다. 달은 10구체 향가 「찬기파랑가(讚耆婆郎歌)」에서는 이상 · 인품을, 10구체 향가 「원왕생가(願往生歌)」에서는 희망 · 사랑을 상징한다고 볼 수 있으며, 별은 거룩함, 영원, 희망 등을 상징한다. 바다는 생과 사, 무의식, 영원을 상징한다고 하며, 태양은 희망이나 정열과 욕망을 상징하는데 그에 대비되는 밤은 어둠이나 절망이나 침묵, 혼돈 등을 상징한다고 볼 수 있을 것이다. 여성은 정신적 충만함이나 미인의 영감이나 영혼의 친구로 상징된다고 한다면, 꽃은 주로 아름다움, 화려함이나 미인을 상징한다. 그리고 문학적으로 봄이 생동감이나 화창함 또는 소생의 이미지를 상징한다면, 가을은 풍요보다는 고독과 비애나 쓸쓸함을 상징한다고 하겠다.

2. 몸말

박가박 시인의 시에서 표상되는 시적 분위기인 시적 정조는 대체로 시적화자가 지금 처해 있는 상황을 갈음하는 지표가 된다고 하겠는데 그의 시에서는 긍정적인 정조가 부정적인 정조보다 훨씬 많은 양을 보이며, 애상적, 그리움, 자기고백적과 같은 구체적인 정서가 대세를 이루고 있음으로 보아 그의 인생관을 엿볼 수 있게 한다.

오스트리아의 에세이스트(Essayist)인 장 아메리(Jean Améry)는 『늙어감에 대하여』에서 살며 늙고 죽어가는 인간의 조건을 성찰하기 위하여 글을 쓴다고 하며 "타협을 폭로하고, 통속을 짓밟으며, 싸구려 위로의 허위를 드러내고 싶었다. 덧없이 흐르는 시간 속에서 홀로 있는 진짜 '나' 의 진실을 말하고 싶었다."고 창작의 변(辯)을 대신하고 있다.

박가박 시인도 마음속에 자리하는 그리움을 존재의 의식에 투영하여 되돌아가고 싶은 아름다웠던 과거로의 시간 여행을 그의 시로 대신하고 있는지 모르겠다. 끊임없이 솟아나 지금은 무의식에 깊이 뿌리박혀 떨쳐버릴 수 없는 아름다운 그만의 추억을 시로써 반추(反芻)하고 있다고 하겠다.

박가박 시인 시집에서 눈에 확연히 뜨이는 특징은 시 제목에 꽃 이름(花名)이 유달리 많다는 것이다. 1부의 「산나리꽃」, 「철쭉꽃」 2부의 「조팝나무꽃」, 「찔레꽃」 3부의 「들국화」, 「코스모스」, 「목련」 그리고 4부의 「매화」 등이다.

또 다른 특징으로 사랑했거나 시인의 뇌리에 깊이 자리하는 여인과 관

련된 작품을 들 수 있다. 2부의 「순희 생각」, 「까만 옥양목 옷 한 벌」, 「영자」, 「숨어 버린 여인」, 「그 여인」과 3부의 「소녀를 찾아서」, 「그 소녀에게」 등을 꼽을 수 있다.

그리고 그리움의 정서를 표출한 시들로는 1부의 「그대 그리워하는 것은」, 「그리움」, 「그 사람 올 것만 같다」, 「당신이 가신 후에」, 「님 오시나 싶었는데」와 2부의 「당신이 봄입니다」와 어머니에 대한 사모곡을 노래한 「흑백사진」과 3부의 「그리움이 파도 속에서 울었습니다 1, 2」와 「내 님인 줄 알았습니다」 등을 선별할 수 있겠다.

물론 박가박 시인의 시에서는 추상적 내용만 나오는 것은 아니다. 사랑에 대한 시도 있다.

1부의 「사랑」, 「말 못할 사랑」, 「사랑에 빠져들고 말았습니다」, 「사랑에 빠졌어요」 2부의 「첫사랑」, 「짝사랑」 3부의 「그대만 한 사람, 없을 것 같다」, 「사랑은 아름다워라」 그리고 계절이 되면 떠오르는 사람에 대한 애틋한 사랑의 정서를 노래한 「가을 사랑」, 「마지막 사랑」을 선별할 수 있을 것이다.

끝으로 인간과 동물의 가장 큰 차이점인 순수 감정을 대변하는 눈물과 현실참여적인 시도 보인다. 4부의 「젊은이의 눈물」, 「아빠의 눈물」, 「소녀의 눈물」과 정규직에 가려 바른 권리를 찾지 못하는 비정규직의 애환을 담은 사회적 현상을 폭로한 「어느 청년의 죽음」과 통한의 세월을 보낸 위안부 할머니들의 애끓는 사연을 시화한 「오키나와 아리랑 고개」를 들 수 있다.

위에서 박가박 시인의 시집에 나오는 작품들을 대별하였는데 시의 내용으로 유추하건대 그는 성품이 다정다감하다는 것을 그의 시들에서 쉽게 알 수 있었다. 작가가 창작한 시들은 작가의 분신과도 같아서 작가의 성향을 알게 모르게 드러낸다. 물론 시가 사회 현상을 대변하고 현실의 모순점을 지적하는 현실 참여적인 것도 좋겠지만 아무래도 우리 사회가 선호하는 시들은 대체로 전통적인 서정시가 주류를 이룬다고 볼 때, 박가박 시인의 시들도 예외는 아님을 쉽게 짐작할 수 있다.

시로써 화자인 시인과 청자인 독자는 소통을 한다. 물론 시 속에서 말하는 이가 자신의 생각이나 감정을 대상에게 어떤 방식으로 전달하느냐에 따라 소통 구조가 달라지지만, 대다수의 독자들은 '의식의 흐름(Stream of Consciousness)' 과 같은 난해한 시가 아니라면 대체로 문자로 소통을 한다고 하겠다. 시에서 언어가 활자로서 고착되면 그 즉시 언어는 생명을 가진 존재로 자리매김하기에 날 선 감정이 아니더라도 살아 있는 생명체로서 역할을 할 수 있는 것이다.

가을비
내리는 밤이면,

하늘에는 많은 별
숨어 웁니다.

설레이던 그리움도
어쩔 줄 몰라 웁니다.

어쩌다가 잠깐
얼굴 내민 달빛이—

안달이 난 별님들
눈을 가리면,

별들은 가슴 치며
울고 맙니다.

—「그리움」 전문

위의 시는 평이(平易)한 시어로 마치 동요와 같은 동심의 세계를 표현한 시라고 할 것이다. 윤동주의 초기 시인 「오줌싸개 지도」와 같이 무구(無垢)한 순수 서정의 세계를 노래한 시로 특히 의인법을 활용해 시에 생명력을 불어 넣었다고 하겠다. 시가 어려워야 좋은 시가 된다는 가설이 잘못될 수 있다는 것을 주지시켜 주는 시로 이 시에서는 시적 모티프(Motif)가 그리움이라면 지배적인 심상은 그리움의 상징인 별님으로 볼 수 있을 것이다.

작자는 비가 내리는 가을 밤 그리움이라는 상념에 잠겨 비로 인하여 자취를 감춘 하늘의 별들이 비구름에 가려 숨어 운다고 하였는데 이것은 작가가 시적 대상인 별에 감정을 이입한 결과로 볼 수 있으며, 작가의 말할 수 없이 가슴에 억눌린 그리움의 아픔을 절실히 표현하였다고 하겠다.

님 오시나 싶었는데
보슬—보슬 비가 옵니다.

섬돌 위 겨울자락
지우려는 빗방울

짚시랑 아리게도
찌릿—찌릿 떨어집니다.

갈팡질팡 매화향
봄바람에 흩날리고

산허리 이곳저곳
휘놀던 안개 구름

힐끔—힐끔 더듬다
나 모른 척 떠나갑니다.

이제나저제나
님 오시나 싶었는데

속절없이
자박—자박 비만 옵니다.

—「님 오시나 싶었는데」 전문

봄이 왔음을 상징하는 매화향기가 흩날리는 어느 이른 봄날 시인은 혼자 앉아서 임을 기다리고 있음을 알 수 있다. 게다가 봄을 재촉하는 보슬비가 내리는 한낮의 서경을 묘사하므로 결국 시인의 의중은 그립고 보고 싶은 사랑하는 임에 대한 간절한 그리움에 있다는 것을 제시하고 있다.

위의 시에서는 시어로 보슬—보슬, 찌릿—찌릿, 갈팡질팡, 힐끔—힐끔, 이제나저제나와 같은 부사를 사용한 것이 특징이다. 흔히 시에서는 형용사나 부사를 기피하지만 나름대로 위의 시에서는 부사가 시어의 구실을 하고 있다고 볼 수 있다. "힐끔—힐끔 더듬다"라는 구절에서는 타동사에 활유법을 사용하여 금상첨화(錦上添花)의 시적 효과를 거두고 있어 주목할 표현이라고 하겠다.

역시 위의 시가 제시하는 것과 같이 봄비는 애상적 정서를 나타내는 시적인 장치라고 하겠으며, 이런 소도구로 인하여 시적 화자의 정서와 태도가 고스란히 독자에게 전달되는 효과도 있다고 하겠다.

참고로 이와 유사한 정서와 정조를 제시하는 현대시조에는 육당 최남선(崔南善)의 다음과 같은 시조가 있다.

가만히 오는 비가/ 낙수 져서 소리하니// 오마지 않은 이가/ 일도 없이 기다려져// 열릴 듯 닫힌 문으로/ 눈이 자주 가더라(최남선, 「혼자 앉아서」 전문)

벌써
며칠째
길모퉁이 주저앉아
오고 가는 사람들
힐끔힐끔
쳐다보고 있지요.

새겨 둔
발자국 소리
가쁜 숨소리
하나하나
더듬어 그려봅니다.

속삭였던
붉은 입술
허리춤 감아올린
연분홍 치맛자락
님 그리며 감춰뒀던
뽀오얀 속살까지
모든 것 드러내놓고.

언제쯤 혹시
그 사람
내 옆을 지나가면

“나 여기 있소”
딱 한 번
불러 보고 싶습니다.

—「철쭉꽃」 전문

박용철은 그의 평론 「시적 변용(詩的變容)에 대하여」에서 시인의 정의를 다음과 같이 말하고 있다.

> “흙 속에 어찌 풀이 나고 자라며, 버섯이 생기뇨? 무슨 솜씨가 핏 속에 시를, 시의 꽃을 피어나게 하느뇨? 변종을 만들어내는 원예가, 하느님의 다음 가는 창조자, 그는 실로 교묘하게 배합하느니라. 그러나 몇 곱절이나 더 참을성 있게 기다리는 것이랴!”

시인이 사물을 평이한 안목으로 대하지는 않는다는 것은 삼척동자(三尺童子)도 아는 내용일 것이다. 시인은 예리한 시선으로 대상을 관찰하고 대상에 생기를 불어넣어 죽은 언어가 아니라 생명력 넘치는 언어로서 역할을 할 수 있게 조장하는 기능을 가진 언어의 장인(匠人)이라고 할 수 있다. 무심코 지나칠 수 있는 언어도 시인에 의해 시적 언어가 되면 언어의 품격을 가지고 어엿한 시어의 구실을 할 수 있을 것이다.

박가박 시인은 무심코 스쳐 지나갈 수 있는 길가의 철쭉꽃에도 의미를 부여하고 남다른 애정을 부여했다. 이는 그의 따뜻한 심성을 증명하는 것이라고 생각한다. 자연물에 대한 사랑은 범우주적인 사랑의 일면을 보여주는 것이 아닐까? 의인법을 적절히 적용하여 철쭉꽃과 심심상인(心心相印)의 관계에 보편타당성을 부여하여 객관적 상관물과의 교감을 나눈다는 것은 그의 자연 사랑으로 보아야 할 것이다.

박가박 시인의 서정성을 여실히 보여주는 시로서는 위의 「철쭉꽃」 외에도 「목련」을 들 수가 있다.

기다렸던 그 님은
언제쯤 오실까.

밤마다 불어오는
산들바람 한 자락.

남몰래 숨겨뒀던
뽕긋한 젖꼭지 하나.

살금—살금 더듬고
가는 줄 알았는데—,

보송—보송 노루발톱
미련 없이 버리고

철없던 하얀 목련—.

어둠이 잠든 사이
옷고름 풀어헤쳤다.

—「목련」 전문

그의 시에서는 많이 보이는 내용 중의 하나인 꽃에 관한 시이다. 꽃의 모양으로 보면 우아하고 부드럽고 꾸밈이 없이 소박한 전형적 동양의 여성상을 상징하는, 그야말로 봄을 대변하는 꽃이 바로 목련이 아닐까? 특히 '숭고한 정신과 우애' 라는 꽃말에 손색이 없어 맑고 깨끗한 여성의 이미지를 나타낼 때 많이 인용된다. 꿈의 계절인 봄에 전혀 손색이 없는 모습을 가진 목련(木蓮)의 티 없이 순수하고 순결함 때문일 것이라고 여겨진다.

봄의 전령사(傳令使)로 봄밤의 은은한 달빛 아래 미풍에 한들한들 가볍게 날리는 고고한 하얀 목련을 시인은 바라보며 목련 꽃송이가 벌어짐을 마치 여인이 '옷고름 풀어헤쳤다' 라고 경탄함은 언어가 갖는 아름다움의 극치가 아닐까? 박가박 시인의 시에서 꽃이 많이 보임은 시인의 맑고 고운 심경을 보여주는 하나의 증거라고 여길 수 있을 것이다.

다음의 시는 박가박 시인의 「첫날밤」 전문이다.

하이얀 커튼 한 폭
첫날밤을 가리우고
졸음 촛불 잠든다.

혼야의 깊은 밤
치마폭에 젖어 들고
푸른 강물 침실을 적시운다.

향기로운 첫날밤
치러보지 못했던 소쩍새
울다— 울다 밤새 울고—

풀벌레 잠든 사이
어둠 서린 바닷속
밤새도록 춤을 췄다.

세상 처음 날갯짓
백조의 울음소리
순결하고 아름답다.

영원토록 기억될
떨림 속 첫 잠자리
별 바다에 빠져들고—

이슬 맺힌 정원에
선분홍 꽃 이파리
한 잎— 두 잎 뿌리더니—

별 바다에
빠져 있던 순이는
나비 잠을 자고 있다.

—「첫날밤」 전문

위의 시에서 우리는 신혼 첫날밤의 성스럽고 아름다운 추억을 연상하게 된다. 고려 말기의 유신인 목은 이색(李穡)은 칠언절구인 「인세사희(人世四喜)」에서 인생의 네 가지 기쁨을 말하고 있는데, 전구(轉句)에 '화촉동방무월야(華燭洞房無月夜)－첫날밤은 깊은 골방에 달 없는 밤이다' 라고 하여 그 기쁨을 설파하고 있는데서 유래되어 '화촉동방' 이란 어휘가 민간에 널리 파급되었다.

성스러운 첫날밤의 가슴 설렘이야 무슨 말로 피력할 수 있을까마는 인간의 삶에서 영원한 추억으로 간직되는 첫날밤은 이상적이며 환상적인 의식일 것이다. 월하빙인(月下氷人)의 섭리로 이루어진 청순한 선남선녀

(善男善女)의 더없이 순수하고 순결한 첫날밤은 어쩌면 박가박 시인에게 필설로 표현할 수 없는 영원히 머무르고 싶은 고귀한 순간이라고도 할 수 있지 않겠는가?

시인은 정말 돌이켜보면 볼수록 새록새록 정겹고 다정한 아름다운 첫날밤의 추억을 시로써 표현하고 있다. 그에게 있어 첫날밤의 황홀한 기쁨은 결코 잊을 수 없는 날이라고 우리에게 증언하고 있다 하겠다.

'하이얀 커튼' 과 '푸른 강물' 과 '백조의 울음소리' 나 '선분홍 꽃' 이나 '별 바다' 나 '나비 잠' 등의 시어가 주는 청량함과 신선함은 이 시의 격을 뒷받침하고 있으며, 시각적 이미지와 청각적 이미지와 촉각적 이미지와 후각적 이미지 같은 다양한 심상을 차용하여 시의 감각과 이해를 선명하게 제시했다. 티 없이 순수한 첫날밤의 서정을 제고(提高)하고 있다는 점에서 주목할 필요가 있는 시다. 그리고 박가박 시인의 시에 여러 번 나오는 시인이 사랑하는 '순이' 가 누구인가를 우리에게 은연중 암시하고 있음도 유의할 수밖에 없을 것이다.

3. 갈무리

시는 자연이나 인생에 대한 감흥과 사상 따위를 함축적이고 운율적인 언어로 표현한 문학의 한 장르라고 규정을 한다. 시의 종류야 다양하겠지만 박가박 시인의 시들은 대체로 형식상 자유시, 내용상 서정시의 범주에 넣을 수 있을 것이다. 전게문(前揭文)인 몸말에서 살펴 본 박가박 시인의 생각과 느낌을 잘 표출한 시들도 예외 없이 서정시의 특성을 시화한 작품들이었다.

박가박 시인은 시를 알기에 같은 내용도 쉽게 풀어 써서 누구에게라도 이해의 공감도를 높이고 있다고 해도 과언이 아니다. 김소월(金素月)과 같은 대가의 시가 시공을 초월해 아직도 많은 사람들에게 호평을 받는 것도 그의 시가 갖는 한국적 정서와 운율미를 누구라도 음미하며 공유할 수 있기에 가능하다고 할 수 있을 것이다.

그리고 박가박 시의 키워드는 어떤 대상을 만나고 싶거나 보고 싶은 마음이 애틋하고 간절한 그리움이라고 하겠지만, 그의 시는 그리움과 기다림이나 사랑과 이별, 미련과 추억이라는 인간의 근원적인 정서를 주제화하여 표출하고 있기에 독자들에게 거부감 없이 쉽게 다가갈 수 있다는 장점을 갖추고 있다. 현학적(衒學的)이거나 고도의 비유에 의한 심리주의류나 초현실주의류의 독백적인 작품이 아니라 어떤 독자와도 친근감을 조성하고 나눌 수 있는 시들이기에 더욱 좋은 시가 아닐까 한다. 또 다른 장점으로 생활 속에서 보고 듣고 느끼고 경험한 사상이나 감정을 고스란히 정선된 시어, 과대포장 없이 순수하고 살가운 일상적인 시어로 표현하고 있다는 점도 간과해서는 안 될 것이다.

말로 이루 다 표현할 수 없는 애틋한 그리움과 사랑을 간결한 서정으로 노래한 정지용의 「호수」는 아직까지 많은 독자들에게 사랑을 받고 그들의 마음속 깊이 자리하고 있다. 이는 좋은 시의 구비 조건이 무엇인가를 우리 스스로에게 자문자답하게 한다.

박가박 시인도 대체로 장시보다는 단시를 선호하는 시인이라고 하겠다. 서사시나 극시나 산문시와 같이 장시를 요구하는 시들도 나름대로 시적 상상력을 표현하기에 적절할 수 있겠으나 서정시나 자유시들의 경우는 예외적인 시들은 차치(且置)하고 장시보다는 단시가 많다고 할 수 있을 것이다. 물론 혹자(或者)들은 시조(時調)와 같이 정형을 보이는 문학의 장르는 시적 화자가 표현하고 싶은 말을 다 할 수 없다고 할 수도 있겠으나, 간결과 압축과 긴장감을 견지(堅持)한다면 장단(長短)은 문제가 되지 않을 것이라 사료(思料)된다.

"좋은 시란 어린이에게는 노래가 되고 청년에게는 철학이 되고 노인에게는 인생이 되는 시다"라고 독일의 문호(文豪) 괴테(Johann Wolfgang von Goethe)는 정의를 하였지만, 박가박 시인의 시를 읽으니 조선시대

연산군 때의 문사 박은(朴誾)이 이른 봄의 서정과 서경을 읊은 「만리 여울(萬里瀨)」의 시상이 연상된다 좋은 시가 갖는 매력과 호소력은 고금(古今)을 초월하여 시적 존재의 의미를 갖는다고 할 것이다.

설첨춘간수(雪添春澗水)/눈이 녹아 봄의 개울물 불어나고
조진모산운(鳥趁暮山雲)/새가 날아가는 저녁 산의 끼인 구름
청경혼성취(淸境渾醒醉)/술 깨어 바라보니 경치가 참으로 좋아
신시경억군(新詩更憶君)/새로 시를 지으니 다시 그대 생각나네

— 박은, 「만리 여울(萬里瀨)」 전문

문학세계대표작가선 810

그리움이 파도 속에서 울었습니다

박가박 시집

인쇄 1판 1쇄 2017년 4월 18일
발행 1판 1쇄 2017년 4월 25일

지 은 이 : 박가박
펴 낸 이 : 김천우
펴 낸 곳 : 도서출판 천우
등 록 : 1992. 2. 15. 제1-1307호
주 소 : 서울시 성동구 무학봉28길 6 금용빌딩 2F
전 화 : 02)2298-7661
팩 스 : 02)2298-7665
http://www.moonhaknet.com
E-mail : chunwo@hanmail.net

값 10,000원

ISBN 978-89-7954-671-2

이 도서의 국립중앙도서관 출판예정도서목록(CIP)은 서지정보유통지원시스템 홈페이지(http://seoji.nl.go.kr)와 국가자료공동목록시스템(http://www.nl.go.kr/kolisnet)에서 이용하실 수 있습니다. (CIP제어번호: CIP2017009455)